Jeb
wc
Bu

GUNTER KÖNIG
KLAUS SAGEDER

Ein Inspirationsbuch mit Impulsen zu
12 unterschiedlichen Lebensfeldern

Name, Adresse, Telefon

....

....

....

**LEBENSWERKBUCH
EDITION 1**

© 2014 KMS Lebenswerk GmbH

Am Pfenningberg 9F
A-4221 Steyregg (bei Linz)
Telefon: +43 732 245949
Mobil: +43 664 4020953

office@lebenswerk.at
koenig@gunter-koenig.de

www.lebenswerk.at
www.lebenswerkbuch.com
www.gunter-koenig.de

Wir haben uns bemüht, die Copyright-Inhaber etwaiger verwendeter Zitate, Texte, Abbildungen und Illustrationen zu ermitteln. Sollten wir jemanden übersehen haben, so bitten wir den Copyright-Inhaber, sich mit uns in Verbindung zu setzen.

Alle Rechte, insbesondere das Recht zur Vervielfältigung und der Verbreitung sowie der Übersetzung vorbehalten.

ISBN: 978-3-9503759-0-9

Gestaltung: www.wolfganghoeglinger.at
Illustration: Lisa Völtl, Thomas Paster
Bildmaterial: Gunter König, Klaus Sageder, Nik Fleischmann,
© www.istockphoto.com/typo-graphics, © www.istockphoto.com/styf22,
© www.istockphoto.com/Stock Shop Photography LLC,
© www.istockphoto.com/mevans, © www.istockphoto.com/sonicken,
© www.istockphoto.com/f9photos, © www.istockphoto.com/BrianSM,
© www.istockphoto.com/samxmeg, © www.istockphoto.com/101cats,
© www.istockphoto.com/khz
Druck: Universitätsdruckerei Klampfer GmbH
Korrektorat: Helmut Maresch, www.typokorrektor.at

Geleitwort & Anliegen

Mit Freude geben wir Ihnen dieses Buch an die Hand, damit Sie Ihr Leben selbstbestimmt gestalten. Die Idee dazu entstand aus unserer reflektierten Zusammenarbeit bei zahlreichen Workshops und Coaching-Gesprächen. Wir schätzen das Festhalten von persönlichen Gedanken (Notizen) und Bildern (Skizzen).

Frohes Gelingen!

Das LebensWerkBuch besteht aus Einlageblättern und dem eigentlichen Buch – Anregungen zum Gebrauch weisen Ihnen den Weg!

Mit den großformatig gestalteten Einlageblättern reflektieren Sie wesentliche Grundlagen in Ihrem Leben und schaffen die zu Ihnen passenden Strukturen – im Buch finden Sie 12 Inspirationen zu unterschiedlichen Lebensfeldern. Dazwischen ist ausreichend Raum für Ihre ganz persönlichen Aufzeichnungen.

Das LebensWerkBuch hat keinen Anfang und kein Ende! Es ist ein persönlicher Raum, flexibel nutzbar und fördert Ihre ursprünglichen Talente und Neigungen! Wir muten Ihnen herausfordernde Aufgaben zu – und hier gilt wie so oft:
Dranbleiben sichert den Erfolg!

Das Buch stellt einen bewussten Kontrast zu elektronischen Werkzeugen dar. Es lädt ein, bei Laune und Bedarf zum Stift zu greifen und loszuschreiben bzw. zu zeichnen … daher ist auch das Format so gewählt, dass es gut in jede Tasche passt und schnell griffbereit ist.

Wir freuen uns, wenn dadurch alle Ihre Sinne angesprochen werden, Sie das Buch mit Wonne in die Hand nehmen und dort abgeholt werden, wo Sie gerade sind.

Wir wünschen Ihnen viel Freude und Inspiration mit der aktuellen Ausgabe Ihres LebensWerkBuches!

Gunter König
Klaus Sageder

Lebensfelder

01 **Sinn- & Richtungssuche:**
Zuversichtlicher Blick aufs Jahr!   *Seite 12-21*

Meine persönlichen Gedanken und Bilder   *ab Seite 22*

---

02 **Freude am Leben:**
Mit Freude entschleunige ich!   *Seite 34-47*

Meine persönlichen Gedanken und Bilder   *ab Seite 48*

---

03 **Energie & Motivation:**
Ich nutze meine eigenen Kraftquellen!   *Seite 60-65*

Meine persönlichen Gedanken und Bilder   *ab Seite 66*

Index aller Inspirationen und meiner persönlichen
Gedanken (Notizen) und Bilder (Skizzen)

04 **Einzigartigkeit:**
Anerkennen und Loben! *Seite 78-83*

Meine persönlichen Gedanken und Bilder *ab Seite 84*

05 **Selbstreflexion:**
Tagebuch schreiben! *Seite 96-105*

Meine persönlichen Gedanken und Bilder *ab Seite 106*

06 **Selbstwert & Zuversicht:**
Ich richte mich auf zu meiner wahren Größe! *Seite 118-121*

Meine persönlichen Gedanken und Bilder *ab Seite 122*

Lebensfelder

07   **Sprechen, Schweigen & Entscheiden:**
Entscheidungen gut vorbereiten!   *Seite 132-139*

Meine persönlichen Gedanken und Bilder   *ab Seite 140*

---

08   **Balance & Ausgeglichenheit:**
Selbstbestimmt leben!   *Seite 152-157*

Meine persönlichen Gedanken und Bilder   *ab Seite 158*

---

09   **Bewegung & Wohlbefinden:**
Mit guter Laune durch den Tag!   *Seite 170-177*

Meine persönlichen Gedanken und Bilder   *ab Seite 178*

Index aller Inspirationen und meiner persönlichen Gedanken (Notizen) und Bilder (Skizzen)

10 **Träume:**
Traumleitfaden zum Erinnnern! *Seite 188-193*

Meine persönlichen Gedanken und Bilder *ab Seite 194*

---

11 **Zusammenarbeit:**
Ich entwickle einfallsreich meine tägliche Begeisterung! *Seite 206-209*

Meine persönlichen Gedanken und Bilder *ab Seite 210*

---

12 **Leben im Rhythmus:**
Ich gehe meinen Weg – im glücklichen Leben! *Seite 220-225*

Meine persönlichen Gedanken und Bilder *ab Seite 226*

Zuversichtlicher Blick aufs Jahr!

01

SINN- & RICHTUNGSSUCHE

In den Tagen zwisch
ich zurückschaue u
und Erlebten

en den Jahren, wenn
 mich am Erreichten
rfreue, fällt mir auf …

Meine Erkenntnisse:

SINN- & RICHTUNGSSUCHE

Ich blicke zuversichtlich nach vorne und frage mich:

AUF WELCHE EREIGNISSE, VORHABEN … FREUE ICH MICH GANZ BESONDERS?

Welches sind meine persönlichen GLANZLICHTER?

Wo sind die QUELLEN meiner Freude?

WAS WERDE ICH (ENDLICH) TUN?

Auf welche BEGEGNUNGEN freue ich mich?

Womit werde ich mich und andere ÜBERRASCHEN?

WELCHES LEIT-MOTTO GEBE ICH DIESEM JAHR?

Was werde ich ENTDECKEN?

SINN- & RICHTUNGSSUCHE

Auf dieser Grundlage entwickle ich nun meinen LEBENS-Jahresplan!

Anregung: Das großformatige Einlageblatt LEBENS-Jahresplan bietet mir ausreichend Raum für meine Gedanken (Notizen) und Bilder (Skizzen) ...

In welchem Feld sehe (spüre) ich Handlungsbedarf?

Welche Gedanken kommen mir in den Sinn?

MEINE ZIELE & VORHABEN ...

01

WAS BEREITET MIR FREUDE?

02

WAS GIBT MIR ENERGIE?

03

WANN GEBE ICH MIR ANERKENNUNG? WANN ANDEREN?

04

WAS WERDE ICH KRITISCH BETRACHTEN – HINTERFRAGEN?

05

WAS GIBT MIR ZUVERSICHT? WORAN ERKENNE ICH MEINE WAHRE GRÖSSE?

06

WELCHE ENTSCHEIDUNGEN STEHEN AN?

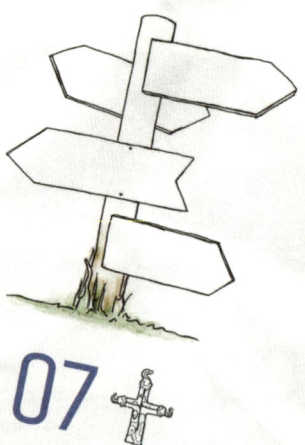

07 ✝

**WAS WERDE ICH BEWEGEN?
WAS BEWEGT MICH?**

08

**MEINE IDEEN /
VER- UND ENTRÜCKUNGEN ...**

09

WAS TUE ICH FÜR MEINE BALANCE?

Geist   Körper

10

WOVON TRÄUME ICH?

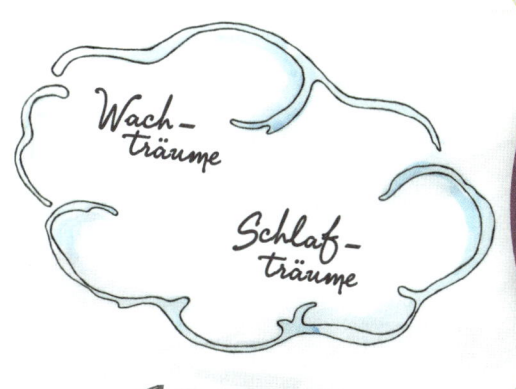

Wach-träume

Schlaf-träume

11

Mit Mut und Zuversicht bewege ich mich abseits meiner vertrauten Gewohnheiten!

Ich experimentiere und lerne mich auf eine andere Weise kennen!

DIE MEILENSTEINE
AUF MEINEM WEG ZU EINEM
SELBSTBESTIMMTEN UND ERFÜLLTEN LEBEN ...

12

SINN- & RICHTUNGSSUCHE

Ich achte auf Orientierung:

Was sagt mir mein Gefühl?

Was braucht mein Kopf?

Meine Gedanken und Bilder:

Mit **Freude** entschleunige ich!

FREUDE AM LEBEN

035

Anleitung zur Entschleunigung

- Wo sind Quellen meiner Freude?
- Welche FREUDE-Spender schaffe ich mir?
- Welche meiner „inneren Stimmen" nominiere ich in mein FREUDE-Team?
- Wie gestalte ich meinen „innerern Dialog", damit mir das VER- und NEU-Lernen nachhaltig gelingt?
- Wie werde ich meine „neuen Gewohnheiten" verankern?
- Wie nutze ich meine FREUDE-Spender und mein inneres FREUDE-Team in herausfordernden Situationen?

Freude ist die Essenz meines Lebens!

Freude gibt mir Energie – Freude strahlt positiv aus!

Freude hilft mir, um stressige und energieraubende Lebensphasen zu entschleunigen!

Ich genieße die Freude und ändere meine Gewohnheiten!

Damit ich einige meiner Gewohnheiten bewusst „verlerne" und mich „entschleunige", werde ich mich (an)leiten …

Meine FREUDE wird mir dabei helfen, mit FREUDE bringe ich mich auf einen anderen Weg, mit FREUDE nehme ich Unterstützung in Anspruch …

038

Die Quellen
meiner Freude!

ICH WILL FREUDE SPÜREN!

An was will ich denken, um mich zu freuen? An welche Erlebnisse denke ich gerne zurück? Welche freudigen Erlebnisse stelle ich mir für die Zukunft vor?

Welche Symbole, Bilder, Geschichten, Gegenstände ... erinnern mich daran? Wie rege ich meine Kreativität an, um Symbole, Bilder, Geschichten, Gegenstände ... zu schaffen?

Wie wär's mit einer gedanklichen **ZEITREISE** in die Vergangenheit oder in die Zukunft? Was finde ich dort?

Wie werde ich meine Erlebnisse, Erkenntnisse ... für mich bewahren? Was schreibe, zeichne ... ich in mein LebensWerkBuch? Wo finde ich den geeigneten Raum?

Ich schaffe mir FREUDE-Spender!

Dabei nutze ich folgende Möglichkeiten

A) Bildliche & symbolische Anker

Welche werde ich wo auswerfen? Welche werde ich selbst schaffen?

B) Rituale

Freudige Fixpunkte am Tag, Vorhaben mit anregenden Menschen verbinden, Bezug zu persönlichen Träumen / Wünschen / Zielen ... herstellen, Taten setzen, sich selbst Gutes tun ...

C) Collagen & Installationen

Mit welchen Materialen arbeite ich gerne? Drinnen oder draußen?

D) Zitate & Sinnsprüche

Welche kommen mir in den Sinn?

E) Gedichte & Geschichten

An welchen Plätzen werde ich mich damit erfreuen? Welche werde ich selbst schreiben?

F) Räume finden

Wo ist der Raum, der mich erfreut und positiv anregt?

Aus meinen „inneren Stimmen", die mir bei den Gedanken an freudige Erlebnisse, Vorstellungen, schönen Orten ... durch den Kopf gehen, nominiere ich mein „inneres FREUDE-Team" ... dabei hilft mir das INSZENARIO®, www.lebenswerkbuch.com oder www.gunter-koenig.de

Ich stelle mein inneres „FREUDE-Team" auf!

SELBSTSTEUERUNG
MIT DEM INNEREN TEAM

Der Ablauf im Überblick

1) innere Stimme hören
2) Kernsatz aufschreiben
3) jede Stimme = 1 Figur
4) jede Figur = 1 Team-Mitglied
5) Namen pro Team-Mitglied vergeben
6) inneres Kern-Team aufstellen
7) Ratsversammlung einberufen
8) abwägen
9) Entscheidung treffen
10) inneres Team verankern

Ich gestalte meinen „inneren Dialog",
damit mir das VER- und NEU-Lernen nachhaltig gelingt!

Ansprechende Namen für die Miglieder meines „FREUDE-Teams" erleichtern den Dialog … einige Beispiele zur Anregung: (= alle, die zur Freude beitragen) **Was sagen die?**

"Was sagt mir meine innere Stimme?"

LEBENSLUST-MARIE: „Hier bin ich Mensch – hier darf ich sein!"

APPLAUDISSIMUS: „Gut gemacht – weiter so!"

LOBIST: „Mir gefällt an mir besonders …"

MISS/MISTER ANERKENNUNG: „Ich sehe und spüre, dass …"

DR. LUSTIKUS: „Ich habe Lust auf … Lustvoll denke ich an …
„Mit Genuss denke ich an … und fühle …"

SONNENKÖNIG(IN): „Ich strahle und bin eins mit mir!"

GUSTI GÖNNER: „Ich gönne mir … Ich tue mir Gutes – und daher …"
„Was willst Du Dir Gutes tun?"

PIPPI LANGSTRUMPF: „Ich spiele und probiere aus …"

KUSCHEL-KATZE: „Ich fühle mich pudelwohl!"

LÄSSIGE GABI: „Ich bin ganz entspannt im Hier und Jetzt!"

MEIN GRINSEKUCHENPFERD: „Ich freu' mich an mir!"

WELTOFFENER MAX: „Es gibt noch sooooo viel …!"

DIE/DER EINFÜHLSAME: „Ich weiß, wie Du fühlst!"

NEUGIERIGE ANNA: „Ich möchte wissen, was Dich bewegt?"
„… was Du denkst? … was Du fühlst?"

DETAILIX: „Schau genau hin!"

EMMA EMOTIONI: „Ich spür zu wenig!" „Ich spüre, dass …"

ANPACKFIX: „Was ist der erste / nächste Schritt?"

Ich verankere meine „neuen Gewohnheiten"!

Wie will ich mit meinen FREUDE-Spendern und meinem FREUDE-Team arbeiten?

Welche Anker werde ich bewusst auswerfen?

Welche Routinen will ich verwerfen?

Welche neu ausbilden?

Wie halte ich die FREUDE im Blick und im Herzen?

Rituale entwickeln und verankern

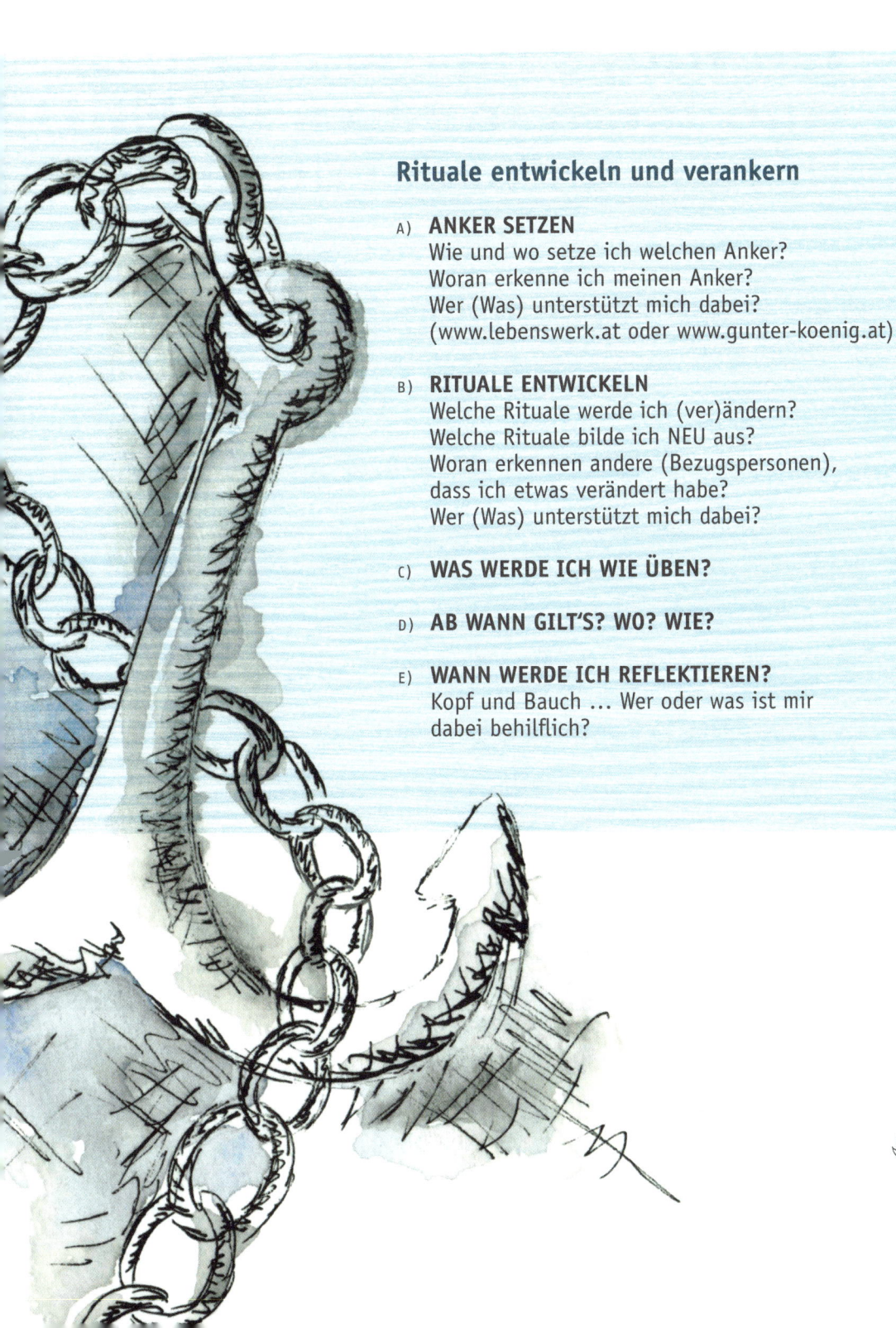

A) **ANKER SETZEN**
Wie und wo setze ich welchen Anker?
Woran erkenne ich meinen Anker?
Wer (Was) unterstützt mich dabei?
(www.lebenswerk.at oder www.gunter-koenig.at)

B) **RITUALE ENTWICKELN**
Welche Rituale werde ich (ver)ändern?
Welche Rituale bilde ich NEU aus?
Woran erkennen andere (Bezugspersonen),
dass ich etwas verändert habe?
Wer (Was) unterstützt mich dabei?

C) **WAS WERDE ICH WIE ÜBEN?**

D) **AB WANN GILT'S? WO? WIE?**

E) **WANN WERDE ICH REFLEKTIEREN?**
Kopf und Bauch ... Wer oder was ist mir
dabei behilflich?

Ich nutze meine FREUDE-S
und mein inneres FREUDE
in <u>herausfordernden</u> Situa

Wie halte ich die FREUDE im Blick und im Herzen? – insbesondere in schwierigen, stressigen, herausfordernden ... Momenten und Situationen meines Lebens.

Herausfordernde Situationen meistern

A) SITUATION VISUALISIEREN UND ANALYSIEREN >> Aufstellen mit INSZENARIO®

Wer ist beteiligt? In welcher Rolle? Meine Rolle? Was denke ich? Was fühle ich?

B) ANSATZPUNKTE ERKENNEN >> INSZENARIO® nutzen! (Spielen)

Was gefällt mir? Was nicht? Was hätte ich gerne anders?
Wo ist der Beginn – wo das Ende?

C) FREUDE-TEAM UND -SPENDER AKTIVIEREN

FREUDE-Team zurate ziehen? (Wer kann etwas dazu beitragen?)
Was empfiehlt mir das FREUDE-Team zu tun? Wie verhält es sich mit den FREUDE-Spendern? Welche Anker und Rituale lassen sich nutzen (verwenden)?

D) LÖSUNGSWEG (= HANDLUNGSPLAN) ENTWICKELN

Welche Rituale werde ich (ver)ändern? Welche Rituale bilde ich NEU aus?
Woran erkennen andere (Bezugspersonen), dass ich etwas verändert habe?
Wer (Was) unterstützt mich dabei?

E) AB WANN GILT'S? WO? WIE?

F) WANN WERDE ICH REFLEKTIEREN?

Kopf und Bauch ... Wer oder was ist mir dabei behilflich?

ender
Team
nen!

047

FREUDE AM LEBEN

Die Freude ist die Essenz meines
Lebens – aus ihr entspringt die
Kraft und der Mut für die Zukunft!

Meine Gedanken und Bilder:

Ich nutze meine eigenen Kraftquellen!

03

ENERGIE & MOTIVATION

Für mein Wohlergehen bin ich selbst verantwortlich! In diesem Sinne ist es wichtig herauszufinden, was mir gut tut und wie ich mich selbst mit Energie nähren kann …
Die **Übung ACHTSAMKEIT** hilft mir dabei, zu erkennen, was mir gut tut und wovon ich mich am besten fernhalte.

Das Wissen dazu ist bereits in mir – ich brauche einfach nur lernen, auf meine innere Stimme zu hören. Ich begebe mich dazu in eine aufrechte Sitzhaltung nach meiner Wahl, schließe die Augen und komme zur Ruhe. Dann bewege ich folgende Fragen in mir:

Mit Achtsamkeit erkenne ich meine Kraftquellen ...

- **Was brauche ich, um mich gut (wohl) zu fühlen?**
  (Beispiele, Bilder ... auftauchen lassen ...)

- **Was hilft mir dabei?**

- **Wen brauche ich dazu?**

- **Was in meinem Leben schwächt mich?**

- **Welche Situationen erfordern ein Abgrenzen lernen und NEIN sagen?**

- **Welche Erfahrungen habe ich bisher gemacht, für mich selbst zu sorgen?**

- **Was hindert mich daran?**

Ich stelle diese Fragen mit einer wohlwollenden Haltung und lächle mir innerlich zu. Ich habe alles, was ich brauche, um glücklich zu sein!

Ich überlege, welche Schritte ich machen will, um mich zu nähren. Dies alles notiere (zeichne) ich in mein LebensWerkBuch!

Eine Möglichkeit:

Ich beschäftige mich in der folgenden Woche täglich mit meinen Aufzeichnungen und beginne Schritt für Schritt mit der Umsetzung.

Ich erfreue mich an jedem Schritt!

Ich nehme mir nicht zu viel vor, denn unrealistische Ansprüche demotivieren mich.

Kenne ich meinen Energiehaushalt?

Für diese **GEDANKENREISE** nehme ich mir Zeit und suche mir einen guten Raum … ich horche in mich hinein mit dem Gedanken:

WAS BRAUCHE ICH, DAMIT ES MIR GUT GEHT?

Fragen zu meiner Energie

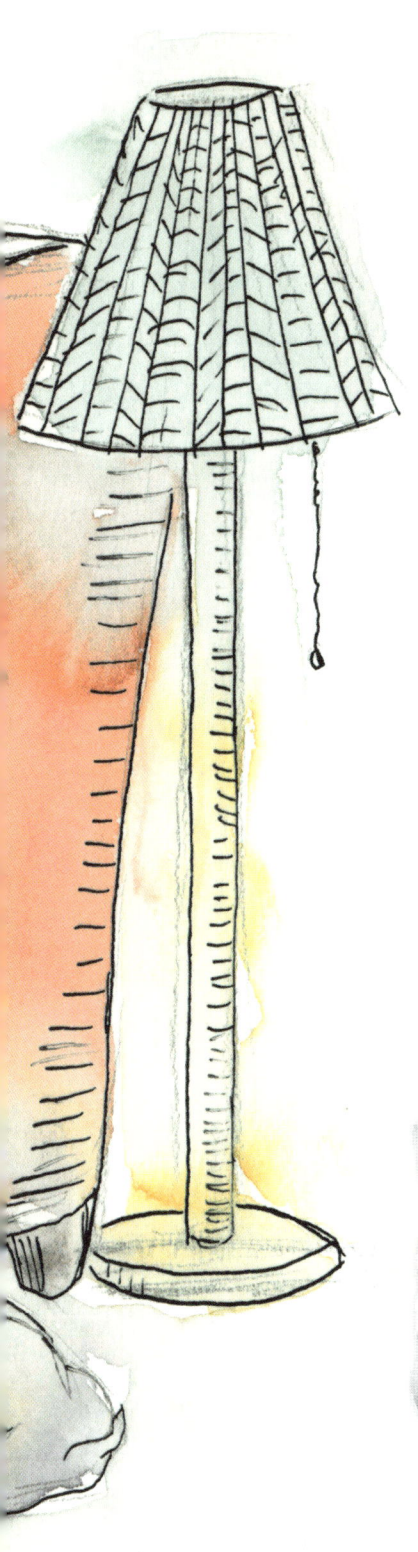

- Wer oder was gibt mir Energie?
- Wer oder was nimmt mir Energie?
- Wie sorge ich für Ausgleich mit Entspannung für Geist und Körper?
- Wo erlebe (gebe) ich Anerkennung, Ermutigung, Lebensfreude und Respekt?
- Erfahre ich Wertschätzung in meinem Umfeld? Wann? Von wem? Wodurch?
- Ist mein Gespür für Spannung und Entspannung hinreichend entwickelt?
- Welche Routinen (Techniken) pflege ich, um meine Energie aufzuladen?

Jetzt gebe ich mir ANERKENNUNG und entwickle die Schritte zum TUN!

ENERGIE & MOTIVATION

Mit Lust bringe ich die Dinge auf den Weg!

Meine Gedanken und Bilder:

GUT

ANERKENNEN UND LOBEN!

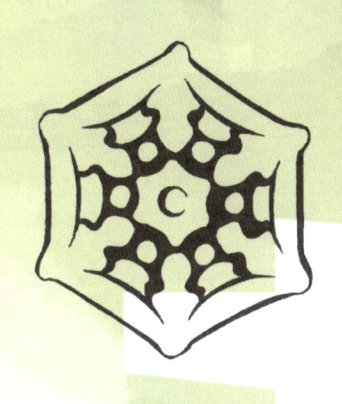

EINZIGARTIGKEIT

„SEINES FLEISSES DARF SICH JEDERMANN (und –FRAU) RÜHMEN!"

Dieser Satz von Gotthold Ephraim Lessing ist eine Grundlage für jede förderliche Kultur des Miteinanders. Fleiß ist erforderlich, um zu einer Leistung zu gelangen.

Anfangs steht eine Idee und eine Absicht, zur Weiterentwicklung braucht es Können, gefolgt vom Handeln und schließlich entsteht das Ergebnis.

Spätestens hier sollte die Belohnung folgen, zum Beispiel die Anerkennung durch Menschen – sowohl im privaten wie auch im beruflichen Umfeld.

Exkurs in die Lernpsychologie:

Wird das Tun oder das erfolgreiche Handeln nicht bemerkt, so geht in der Regel die Leistung zurück! Diese pendelt sich auf ein Niveau ein, das ich mit wenig Aufwand halten kann.

Wird das erfolgreiche Handeln bemerkt und anerkannt, so fühle ich mich wertgeschätzt und weiß: „AHA, ich bin auf einem guten Weg!" Und Zuversicht kann wachsen!

Anerkennung ist ebenso wie fehlende Anerkennung ein Steuerungsinstrument! Ein Lob wirkt wie ein Wegweiser. Hinzu kommt, ich fühle mich (oder der/die andere fühlt sich) gestärkt durch das Zutrauen ... ich werde anfangen, andere zu loben!

Eine Ermunterung:

Ändere Dein Beobachtungsschema – setze Deine „Such-den-Fehler-Brille" ab und die „Finde-Anerkennungs-Gelegenheiten-Brille" auf!

Wer Gutes sucht, wird Gutes finden ... **„Catch him being good!",** sagen die Amerikaner und meinen damit: den Menschen bei seinen Stärken abholen. Wichtig für den Hinterkopf: Was beachtet wird, das wird auch getan!

WO DIE AUFMERKSAMKEIT IST, IST DIE ENERGIE!

„Anerkenne Dich, wenn Du gut bist!"

Bedenke:
Loben ist wichtig, jedoch heikel: Dabei wird leicht die Oben-unten-Beziehung (Hierarchie) betont! Es besteht die Gefahr, dass ich den/die andere(n) in einen Kindesstatus versetze. Daher bevorzuge ich das Wort ...

AnErkennen

Es enthält beide Elemente:
das ERKENNEN und das Erkannte AN- und AUSSPRECHEN.

WAHRNEHMEN – ANERKENNEN – DANKEN
IST EINE KLEINE UND WICHTIGE KUNST!

Sieben Hinweise zum Anerkennen:

1) Achte auf Routinen! Schaue, wer den Alltagsbetrieb sicherstellt. Erkenne dies als Leistung an!

2) Achte auf die Beziehung!

3) Achte auf Deine beiläufigen Botschaften! Was ich will, zeige ich durch mein Vorbild.

4) Achte auf die Situation! Sprich Anerkennung aus, wie es zu Dir passt, zu dem (der) anderen, zu Deinem Kontext.

5) Achte auf die Dosierung: am besten wirkt Anerkennung, wenn sie:
   - auf eine konkrete Situation bezogen ist
   - sofort ausgesprochen wird
   - angemessen und aufrichtig gemeint ist
   - unterstrichen wird durch authentische Körpersprache

6) Achte darauf, Dich selbst angemessen und gebührend zu würdigen!

7) Achte auf Deine neue Gewohnheit, Dich und andere täglich zu schätzen, aktiv nach Anerkennenswertem zu suchen. Feiere Dich auf dem Weg dorthin ...

Drei kleine Übungen mit großer Wirkung

ÜBUNG 1: Vor dem Einschlafen lasse ich den Tag vor mir Revue passieren – mit dem besonderen Blick darauf, was gut gelaufen ist und was mir gelungen ist!

ÜBUNG 2: Wenn mir tatsächlich dabei ganz und gar nichts Rühmenswertes einfällt, dann frage ich mich, was würde der liebenswürdigste Mensch, den ich kenne, in einer solchen Situation zu mir sagen?

ÜBUNG 3: Ich spreche 3-mal täglich eine Ermutigung / Bekräftigung / Würdigung aus und wertschätze / anerkenne meine Mitmenschen, KollegInnen, CheflIn und MitarbeiterInnen!

ICH BIN EINMALIG UND ERKENNE MICH, WENN ICH GUT BIN!

Meine Gedanken und Bilder:

EINZIGARTIGKEIT

EINZIGARTIGKEIT

Tagebuch schreiben!

05

SELBSTREFLEXION

Tagebuch schreiben ist ein Weg zu Klarheit und achtsamer Bewusstheit

... und somit eine wundervolle Methode, um mit sich selbst in Kontakt zu kommen. Wenn es bloß nicht so anstrengend wäre ...

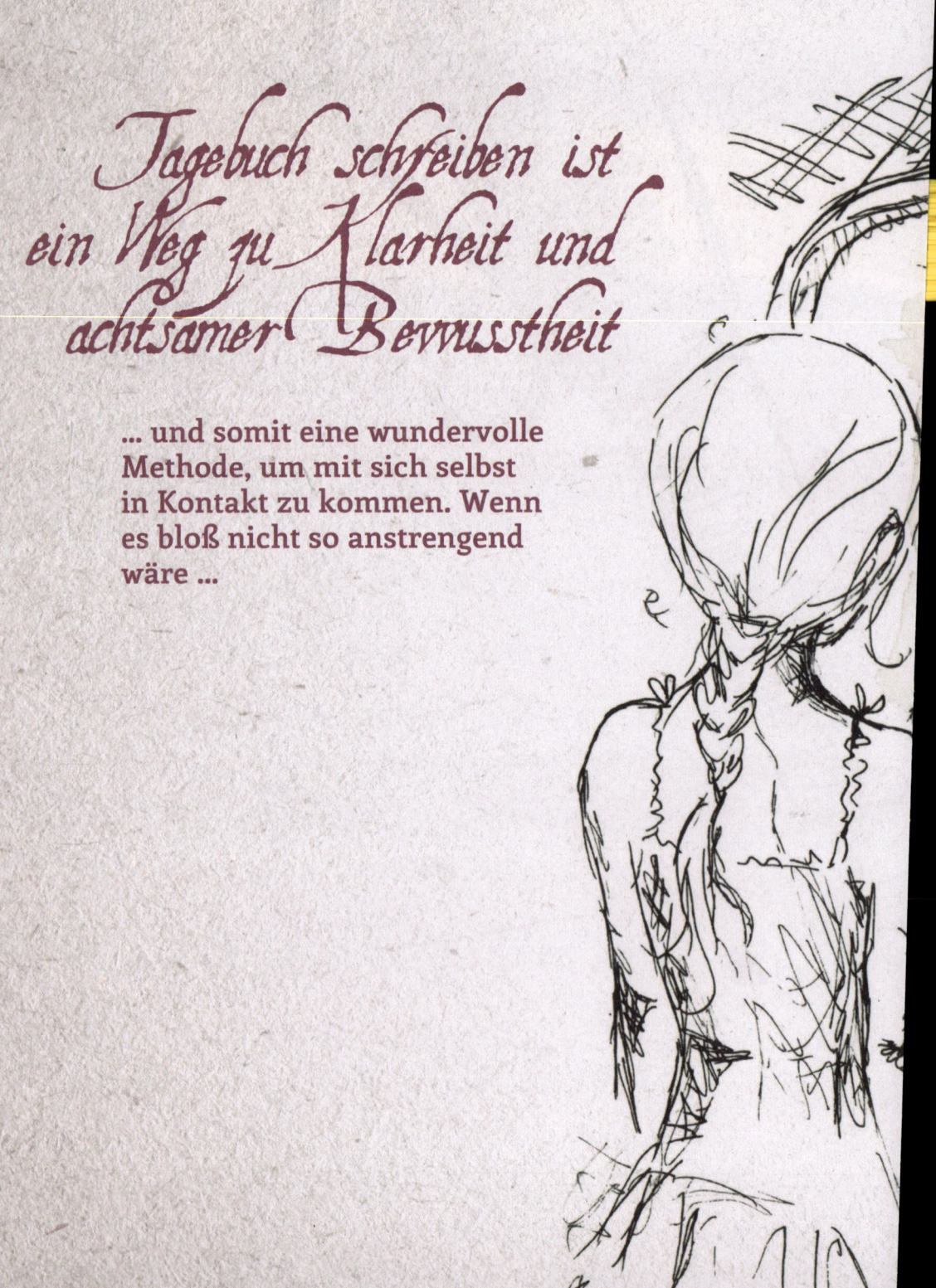

Es ist gefährlich, nur Sorgen aufzuschreiben. Tagebuch schreiben wird erst dann zu einer nutzbringenden Reflexion des eigenen Lebens, wenn es an guten wie schlechten Tagen geführt wird.

Hier einige Empfehlungen, die es erleichtern, das Aufschreiben und Zeichnen von Erlebnissen zu beginnen – es ist eine bereichernde Angelegenheit, wenn wir unsere Gedanken, Stimmungen und Gefühle damit bewusster machen ...

SELBSTREFLEXION

Das 5-Minuten-Tagebuch

Jeden Tag nur eine Frage stellen und in 5 Minuten beantworten! Mögliche Fragen können sein:

- Was hat mir heute gefallen?
  Wofür bin ich im Leben dankbar?

- Wie löse ich die Herausforderung (Problem, Aufgabe) ... ?

- Wie fühle ich mich und was führte mich dahin?

- Was würde ich heute tun, wenn ich unbegrenzten Mut / Freude / Unterstützung / ... hätte?

- Wovor habe ich Angst? Was ist mein nächster Schritt zum Glücklichsein?

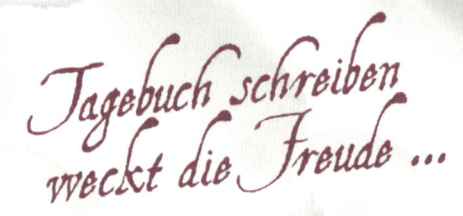

Tagebuch schreiben weckt die Freude ...

Eine Frage bleibt solange stehen, bis ich mit meinen Antworten zufrieden bin. Ich schreibe zur Frage meiner Wahl immer nur 5 Minuten – in dieser Zeit schreibe ich auf, was mir in den Sinn kommt.

Am nächsten Tag schreibe ich zur gleichen Frage solange weiter, bis ich das Gefühl habe, dass eine Frage hinreichend beantwortet ist. Dann wähle ich eine neue Frage oder vertiefe eine frühere Frage – oder: ich widme mich einem anderen Thema – doch immer nur 5 Minuten!

IDEEN und IMPULSE für weitere Fragen bekomme ich leicht, wenn ich die Frage stelle:

Was beschäftigt mich im Augenblick?

Fange noch HEUTE an, wenn Du denkst:

Klarheit und Bewusstheit ist erstrebenswert in meinem Leben!

Eine andere Möglichkeit:

HALTE TÄGLICH 3 DINGE FEST, DIE DICH ERFREUT HABEN:

- Erfolgserlebnisse ...
- Nette Dinge, die andere getan (gesagt) haben ...
- Eine plötzliche Freude über ...
  (einen Sonnenschein, eine Blume, einen Menschen ...)
- Erlebnisse, die bei mir einen Eindruck hinterlassen haben ...
- Gelegenheiten, die ich festhalten möchte ...
- und und und ...

Manche Menschen haben damit Schwierigkeiten. Besonders dann, wenn sie dazu neigen, im Zweifelsfall das Negative wahrzunehmen. Desto schwerer tun sie sich anfangs damit, ihre Aufmerksamkeit zum FREUDIGEN hin zu verlagern. Bald nehmen sie weit mehr angenehme Dinge wahr. Dies führt zu mehr angenehmen Erinnerungen ...

Wenn ich dann in Zeiten seelischer Not darin lese, kann ich meine dunklen Stimmungen „aufhellen" und mir selbst Mut und Zuversicht spenden!

Kreativität
IST HIER DAS STICHWORT!

Ich erwarte von mir, dass ich meine KREATIVITÄT bewahre und weiterentwickle! Viele Menschen schieben die Kreativität aus praktischen Gründen beiseite.

Ich dagegen ermutige mich, wieder zu mir selbst zu finden! Ich habe die KREATIVITÄT, meine FantaSIE und FantaDU ist nicht verloren – ich habe sie nur manchmal verlegt!

Es gibt so viele Möglichkeiten, diese KREATIVITÄT wiederzuerlangen, wie es Menschen gibt. Eine Möglichkeit: Ich halte mein Leben schriftlich fest – in Worten und Bildern, Zeichen und Symbolen, Gedichten und Geschichten ...

Ich nenne es Tagebuch, LebensWerkBuch oder Glücksbuch – oder auch: Buch meiner FREUDE! Doch es ist mehr als das. Ich schreibe (zeichne) meine Beobachtungen, meine Gefühle sowie Ereignisse und Erlebnisse meiner Zeit nieder.

Und – dabei gelacht?

Ich bin überzeugt, wenn ich für diese anfängliche Mühe auch nur 15 Minuten täglich aufwende, wird meine Fantasie wieder angestoßen. Diejenigen, die **DRANBLEIBEN** werden belohnt. Nicht nur, dass ich meine **KREATIVITÄT** behalte, drüber hinaus wird mir diese Übung Einsichten in mich selbst und meiner Umgebung vermitteln.

Kein Mensch sieht die Welt so wie ich! Kein Mensch macht genau dieselbe Erfahrung in genau derselben Reihenfolge. Ich bin einmalig, nicht nur auf Grund meiner genetischen Beschaffenheit. Auch wegen jedes einzelnen Ereignisses, das ich erlebe oder das ich verursache!

EINE *Schatztruhe* VOLLER *Glücksmomente*

Beginne ein GLÜCKs-Tagebuch!

Es ist dafür da, sich immer wieder bewusst zu werden, wie viel Leben geschieht – also schreib auf – Tag für Tag, ein, zwei oder auch drei Momente, Dinge ... die Dich GLÜCKLICH gestimmt haben ...

Stell Dir das Ende vor: wenn das Buch vollgeschrieben ist, hast Du eine Schatztruhe voller GLÜCKSMOMENTE ...

Jeden Tag gelebt und wieder erinnert!

Ich will mir über meine Gedanken und Gefühle bewusster werden und schreibe einfach drauf los ... ohne Zensur und Zeit! Ich schreibe und zeichne alles auf, was ich DENKE und FÜHLE.

Dazu suche ich für mich eine günstige ZEIT – nach den ersten Wochen schaue ich auf das geschriebene, gezeichnete, gemalte ... und stelle mir Fragen, wie: Welcher Art sind meine Gedanken? Denke ich steuernd, betrachtend, aktiv oder lösungsorientiert? Was denke ich heute zu den damaligen Gedanken? Ich staune, was ich alles über mich ENTDECKE!

Ich erkenne mich selbst und entdecke mehr und mehr, wer ich bin!

Meine Gedanken und Bilder:

SELBSTREFLEXION

SELBSTREFLEXION

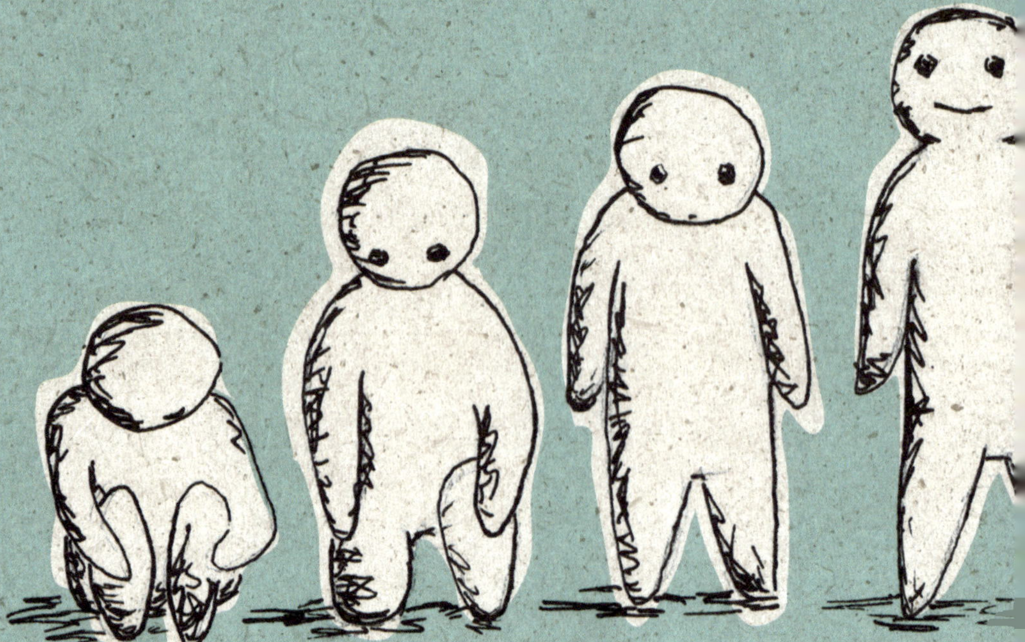

06

Ich richte mich auf zu meiner wahren Größe!

SELBSTWERT & ZUVERSICHT

Doch zuvor halte ich einen Augenblick INNE und VERGEWISSERE mich, ob ich bereit bin, dafür die Mühen und Ausdauer auf mich zu nehmen.

Ich sage JA und lese mit FREUDE weiter!

ICH LERNE MICH KENNEN!

Weiß ich, wer ich bin? Wirklich? Sehe ich mich so, wie ich bin? Oder neige ich dazu, meine Talente zu verleugnen und zu verkleinern?

Wenn ich das lange genug tue, gerate ich aus dem Blickfeld!

Ich lasse meine Vergangenheit vor meinem inneren Auge Revue passieren: gab es Augenblicke, in denen ich anerkannt wurde, wenn ich bescheiden ins Glied zurücktrat? Oder traute ich mich schon von vornherein nicht?

Wie war das genau? Hat man mir gar gesagt: „Bild Dir bloß nichts ein!" Wie war das genau?

BIN ICH AUSSERGEWÖHNLICH?

Natürlich! Kein Mensch ist wie ich! Ich habe gute Gründe, mich selbst als begabt und bewundernswert zu erleben. Ich schreibe sie auf – mache eine Liste:

Gute Gründe, mich selbst als außergewöhnlich zu betrachten! Ich finde mindestens 20 treffliche Gründe, bevor ich einen Schlussstrich unter die Liste ziehe. Es gibt genug – keine Bange!

Jetzt geht es darum, dass ich mir ihrer bewusst werde und sie auch schriftlich festhalte. „Wer schreibt, der bleibt!" Ich blicke auf die Liste – wieder und wieder, um mich daran zu erinnern. Und ich spreche die Gründe aus!

ERFOLG SCHENKT ERFOLG!

… aber nur, wenn ich ihn zu schätzen weiß. Dann allerdings besitze ich ein kostbares Gut, auf das ich immer zurückgreifen kann. Will ich mehr davon?

Dann hole ich es aus meiner Schatztruhe heraus, poliere meine Perlen und mache Inventur. Ich mache (zeichne) eine Aufstellung:

Erfolge, auf die ich wirklich stolz bin!

Ich gehe so weit wie möglich zurück. Ich war auch früher schon erfolgreich. Ich bin großzügig in der Erinnerung meiner Erfolge. Erfolg ist etwas zutiefst persönliches, nur ich allein weiß und entscheide, was für mich erfolgreich war.

Nun? Wie fühlt sich das an, wenn ich mich erinnere? Nichts ist so erfolgreich wie Erfolg!

ICH LERNE DEN AUFRECHTEN GANG!

Ich halte mich gerade, zeige Stolz … ich gehe, als hätte ich etwas Wichtiges vor …

Ich nehme in meiner Haltung meinen Erfolg vorweg! Ich strahle VITALITÄT aus!

Ich lasse nicht zu, dass mich mein Körper „runterzieht"! Ich nehme die Schultern entspannt nach hinten … der Nacken ist locker. Ich richte den Blick nach vorn. Ich sehe nicht zu Boden und stehe mit beiden Beinen fest auf der Erde!

ICH SAGE NEIN!

Ich sage ganz entspannt NEIN! Ich denke mir ein paar Wendungen aus, die mir erlauben, Grenzen zu setzen und deutlich zu machen! Das bedeutet ja nicht, dass ich mich in einen widerlichen Menschen verwandeln muss.

Ich lebe gemäß meinen Vorstellungen. Ich behandle mich selbst mit Respekt. Ich weiß:

Wenn ich nicht für mich eintrete, wer dann?

DAS LEBEN IST KURZ!

Ein Leben, das keinen Spaß macht oder nicht mehr passt, kann verflixt lang sein. Besser ich habe Raum zum wachsen. So ein Wachstumsschub kann sich in jedem Alter vollziehen.

Ich proste mir heute einmal selbst zu! Ich finde mich wunderbar … ich habe doch Glück, dass ich so bin, wie ich bin!

In Wirklichkeit möchte ich mit niemanden tauschen. Ich feiere mich selbst! Ich lächle. Ich gehe aufrecht durchs Leben. Ich wachse und gedeihe.. Ich sehe gut aus!

Ich richte mich auf – zu meiner vollen Größe!

> Wohin ich blicke, überall sehe ich das Lebendige und Machbare!

Meine Gedanken und Bilder:

Entscheidungen gut vorbereiten!

07

SPRECHEN, SCHWEIGEN & ENTSCHEIDEN

Wer entscheidet, legt einen wesentlichen Grundstein zum Handeln.
Doch entscheiden fällt nicht immer leicht.

WARUM?
Weil uns dabei meist sehr viel durch den KOPF und durch
den BAUCH geht! Nicht umsonst gibt es den Spruch:

> **DENKEN (KOPF) + FÜHLEN (BAUCH) + HANDELN (TUN)
> BILDEN EINE EINHEIT!**

**Und vor dem HANDELN steht die ENTSCHEIDUNG –
bewusst oder unbewusst!**

> ALLERDINGS:
> **WER BEWUSST ENTSCHEIDET,
> HANDELT SELBSTBESTIMMT!**

Eine ganz einfache, aber sehr wirkungsvolle Technik im Umgang mit kleineren und größeren Entscheidungen ist folgende:

SCHNELLER ENTSCHEIDEN MIT DER Z-Z-M-TECHNIK!

Ich nehme mir ein wenig Zeit – meist genügen schon 2 Minuten – und konzentriere mich. Dann schreibe ich auf einem Blatt – oder in mein LebensWerkBuch – folgende 3 Buchstaben:

Z (für Zustand)   Wo bin ich wie?
Z (für Ziel)   Wo will ich hin?
M (für Maßnahme)   Was ist zu tun?

Dann notiere ich jeweils neben dem Buchstaben in Stichwörtern:

WORUM es geht ...
WO ich hinwill ...
WIE ich das am besten erreichen kann ...

ALLES, WAS ICH TUE
UND ALLES,
WAS ICH NICHT TUE,
ERFORDERT ...

... DASS ICH MICH ENTSCHEIDE!

Wie viele meiner Entscheidungen
resultieren aus Anpassung, wie
viele aus Widerstand?

**UND WELCHE ENTSCHEIDUNG
TREFFE ICH WIRKLICH
VON HERZEN?**

ENTSCHEIDUNGEN GUT VORBEREITET!

1
Gefühle benennen!
Welche Gefühle bewegen mich? Sind vorhanden?

2
Ziele bestimmen!
Wo will ich wirklich hin? Was will ich erreichen?

3
Möglichkeiten sammeln!
Welche Alternativen fallen mir ein?

4
Anordnen!
In PRO- und KONTRA-Raster geben …

5
Folgen benennen!
Welche(s) Konsequenz, Ergebnis … erwarte ich?

6
Bewerten!
Hier verteile ich Werte von 1 bis 5 … eine „5" heißt:
ganz wichtig, eine „1" heißt: nicht von Belang …

7
Mit dem HERZEN!
Ich gehe nach 3 Tagen die verschiedenen
Statements durch und bewerte mit ♥ oder mit halbem Herzen …
Will ich Aufgaben wirklich halbherzig tun?

Ich frage mich: Führt mich mein Vorhaben zu dem, was ich wirklich WILL ...?

	eher HIN	eher davon WEG
Bin ich mit dem Herzen dabei?		
Erhalte ich persönliche Erkenntnis?		
Trägt es zu meinem familiären Wohlbefinden bei?		

Eine weitere gute Entscheidungshilfe,
um wesentliche Aspekte für mich abzuklären – die
„königliche Entscheidungsmatrix":

	eher HIN	eher davon WEG
Verdiene ich damit Geld? 		
Führt es mich näher zu meinem Ziel? 		
Will ich dazugehören? 		

SCHÖN GESPROCHEN, GUT GEHÖRT UND WACH GEDACHT – UND AM ENDE STEHT DIE GUTE ENTSCHEIDUNG!

Meine Gedanken und Bilder:

SELBSTBESTiMMT LEBEN!

08

BALANCE & AUSGEGLICHENHEIT

03

ICH MUSS, DU MUSST, SIE MÜSSEN, WIR MÜSSEN ... DOCH WILL „ICH" AUCH MÜSSEN? WOLLEN „WIR" ANDAUERND MÜSSEN?

Wie oft am Tag MUSS ich etwas? Wie oft am Tag nehme ich selbst das Wort MÜSSEN in den Mund?

Ich bedenke die Auswirkungen des MÜSSENs:

- MÜSSEN verstärkt das Gefühl der Fremdbestimmung.

- MÜSSEN erzeugt einen Leistungsdruck, der meist nicht meinen wirklichen Absichten und Motiven entspricht.

- Mit MÜSSEN verbinde ich oft Druck und Notwendigkeiten.

- MÜSSEN ist in uns ganz tief verankert – wir haben es unreflektiert im Zuge unserer Entwicklung übernommen und leben es heute, ohne viel nachzudenken.

- MÜSSEN vermittelt Wichtigkeit und Dringlichkeit – doch was ist mir wirklich wichtig? Wie dringend ist es tatsächlich?

Was wäre, wenn ich plötzlich nicht mehr MÜSSEN müsste? Viel mehr MÜSSEN wollte – oder noch besser: Die mir wichtigen Dinge wirklich WILL und dafür auch den erforderlichen Freiraum habe?

Dann wäre ich mit einem Schlage „SELBST-bestimmt", frei von Zwängen und würde am Ende des Tages noch zufriedener auf mein „GEWOLLTES" Tages- und Lebenswerk blicken – ich handle noch authentischer und erfülle nur jene Forderungen, die ich auch erfüllen WILL!

IMPULSE FÜR ALLE, DIE AB SOFORT <u>WENIGER MÜSSEN</u> UND <u>MEHR WOLLEN</u> WOLLEN:

ANLEITUNG ZU MEHR SELBSTBESTIMMUNG

1)
Ich gehe in den Tag – am besten gleich morgen – und zähle, wie oft ich das Wort MÜSSEN denke oder ausspreche.

2)
Am Abend ziehe ich Bilanz und lasse das Ergebnis auf mich wirken – ich fühle nach, was dies bei mir auslöst …

3)
Am nächsten Tag ersetze ich jedes Mal, wenn ich MÜSSEN denke oder ausspreche, das Wort MÜSSEN durch das Wort WOLLEN!

4)
Ich prüfe, ob hinter dem WOLLEN ein wirkliches WOLLEN steht – ich spüre nach: Was bringt mir das WOLLEN? Ich entscheide bewusst – und: Ich HANDLE danach!

5)
Ich prüfe, wo ich beim MÜSSEN bleibe und ob ich die dahinter stehende Forderung auch wirklich erfüllen WILL – ich bedenke die Konsequenzen und entscheide bewusst – dafür oder dagegen!

6)
Ich nehme mir am Abend 5 bis 10 Minuten und verwerte meine Erkenntnisse in meinem Lebens-WerkBuch: zB mit Antworten auf die Fragen: Was habe ich zu tun, damit ich selbstbestimmt WILL? Was bekomme ich dafür? Was hindert mich daran, es zu tun?

7)
Ich bleibe in den folgenden 6 Tagen dran und wiederhole dabei immer wieder die Schritte (3) bis (6).

8)
Am 8. Tag wiederhole ich die Schritte (1) + (2) und BELOHNE mich - mit einem selbstbestimmten Leben!

☺

*Es ist kinderleicht,
sich achtsam zu beachten!*

*Es ist oft schwer,
mit sich achtsam zu sein!*

☺

BALANCE & AUSGEGLICHENHEIT

ICH WEISS, DASS DER SCHLÜSSEL ZU EINEM SELBSTBESTIMMTEN LEBEN IN MIR LIEGT! **WO FANGE ICH AN, IHN ZU FINDEN?**

Meine Gedanken und Bilder:

Mit guter Laune durch den Tag!

09

BEWEGUNG & WOHLBEFINDEN

Jetzt ist Schluss mit der miesen Laune!

Die Tage sind elend kurz oder lang. Es ist immer so früh dunkel oder es ist so verflixt lange hell!

Gute Vorsätze, düstere Prognosen – die Ungewissheit, was kommen wird ...

Jeder wird etwas für sich finden!

DAS KANN NÄMLICH JEDER LERNEN ...

Auch wenn es am Anfang vielleicht anstrengend erscheint.

NICHT ALLE TIPPS KLAPPEN BEI JEDEM ...

Denn jeder hat ja unterschiedliche Zeiten und Orte für gute Laune – oder verbindet diese Stimmung mit bestimmten Menschen.

BEWEGUNG & WOHLBEFINDEN

22 Tipps für gute Laune

1) Ich schaffe mir Inseln des Wohlfühlens – etwa den Lesesessel mit meinem Lieblingsbuch daneben!

2) Ich ärgere mich nicht, sondern wundere mich nach dem Motto: „Wahnsinn, was alles schiefgehen kann!"

3) Ich LACHE Menschen an, auch wildfremde und staune, wie freundlich die Reaktionen sind!

4) Ich verteile mehr Komplimente – auch an mich selbst!

5) Ich sage mal ganz laut JA! Zu mir selbst, zur Situation ... oder zu sonst wem ...

6) Ich gehe vor die Tür und schaue in den Himmel. Wenn ich hochschaue, lebe ich das Prinzip: „KOPF HOCH – wer nach unten schaut, wird eher depressiv!"

7) Ich bewege mich und mache Sport – das vertreibt düstere Gedanken!

8) Ich schreibe in mein LebensWerkBuch, was mir am Tag Spaß gemacht hat! Ein Glückstagebuch zu führen dauert am Tag höchstens 5 Minuten, wird mir jedoch jahrelang gute Laune machen ...

9) Ich gehe einen Tag lang einfach nicht ans Telefon!

10) Ich gehe raus. Wenn Herbst ist, laufe ich durch raschelndes Laub ... im Frühjahr laufe ich durch taufrisches Gras ... Traue ich mich?

11) Ich verschenke Kleinigkeiten – auch an fremde Menschen. Bonbons, eine Blume, einen Apfel ... SCHENKEN macht FREUDE!

12) Wenn mich jemand fragt: „Wie geht's?" antworte ich wirklich so, wie's mir ums Herz geht! Ich antworte nicht einfach „gut" ...

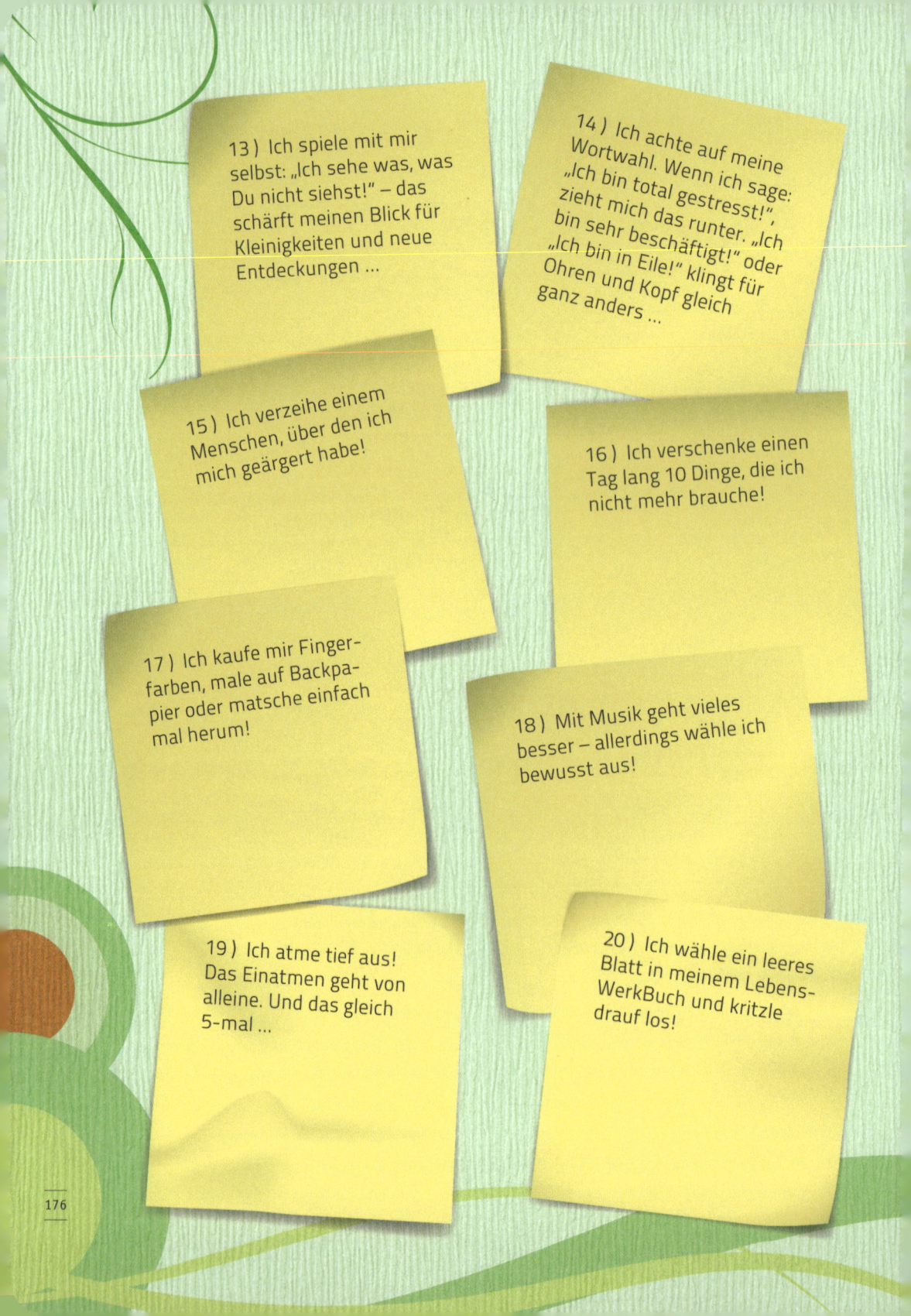

13) Ich spiele mit mir selbst: „Ich sehe was, was Du nicht siehst!" – das schärft meinen Blick für Kleinigkeiten und neue Entdeckungen ...

14) Ich achte auf meine Wortwahl. Wenn ich sage: „Ich bin total gestresst!", zieht mich das runter. „Ich bin sehr beschäftigt!" oder „Ich bin in Eile!" klingt für Ohren und Kopf gleich ganz anders ...

15) Ich verzeihe einem Menschen, über den ich mich geärgert habe!

16) Ich verschenke einen Tag lang 10 Dinge, die ich nicht mehr brauche!

17) Ich kaufe mir Fingerfarben, male auf Backpapier oder matsche einfach mal herum!

18) Mit Musik geht vieles besser – allerdings wähle ich bewusst aus!

19) Ich atme tief aus! Das Einatmen geht von alleine. Und das gleich 5-mal ...

20) Ich wähle ein leeres Blatt in meinem LebensWerkBuch und kritzle drauf los!

21) Ich gehe auf den Spielplatz und schaukle meine Sorgen weg!

22) Ich plane den ganzen Tag von morgens bis abends durch – und dann halte ich mich einfach mal NICHT dran!

23)

24)

25)

26)

27)

28)

BEWEGUNG & WOHLBEFINDEN

Ich freue mich an der Bewegung – geistig, körperlich und emotional … Wunderbar! Heute fange ich wieder an …

Meine Gedanken und Bilder:

Traumleitfaden zum Erinnern!

10

ZUNÄCHST KLÄRE ICH MIT MIR, OB ICH MICH AN MEINE TRÄUME ERINNERN WILL? WENN JA, SPRECHE ICH MIT FREUNDEN ÜBER TRÄUME. WELCHES SIND IHRE ERFAHRUNGEN?

> Ich zeige meiner **INNEREN TRAUMKRAFT**, dass ich allzeit bereit und nie zu müde bin!

Dann bereite ich mich für meine Erinnerungen vor. Ich lege mir am Bett Taschenlampe, Schreibzeug oder auch ein Diktiergerät bereit.

Als **TRAUMBUCH** verwende ich das LebensWerkBuch oder auch einzelne Blätter, die ich mir ebenfalls zurechtlege. In jedem Falle gebe ich meinem **TRAUMBUCH** eine besondere Bedeutung und drücke aus, wie ernsthaft ich mich mit meiner Traumwelt auseinandersetzen will …

AM MORGEN FRAGE ICH MICH:

- Personen (Gesicht, Bewegung, groß, klein, jung, alt ...) – Frauen, Männer (bekannt, unbekannt), Verwandte, Bekannte ...
- Handlung und Bilder ...
- Landschaften (Berg, Wiese ...), Licht, Ton, Schatten, Farbe, Stadt, Land ...
- Gefühle (riechen, schmecken, hören, sehen, tasten) ...
- Gesprochenes, Gesungenes (laut, leise ...), Gespieltes ...
- Jahreszeit, Tageszeit, Wetter, warm, kalt ...
- Jetzt, gestern, morgen ... in welcher Zeit?
- Schluss – abrupt, langsam ...

Welches Gefühl hatte ich im Traum?
Welches Gefühl beim Aufwachen?
Was ist nicht da?
Was fehlt, was vermisse ich?
Was würde ich der Logik nach erwarten?
Was verstehe ich nicht?

ANNÄHERUNGEN AN MEINEN TRAUM:

1) Welchen Titel gebe ich dem Traum?
2) Was ist mir besonders wichtig an dem Traum?
3) Welchen Eindruck hat der Traum hinterlassen?
4) Ist der Traum neu? – oder schon mehrfach geträumt?
5) Wenn ich mich in einen Traumteil versetze: Was fällt mir dann ein? Was verändert sich? Will ich einem Traumteil etwas sagen? (Dialog)
6) In welchem Lebenszusammenhang träume ich diesen Traum?
7) Traum-BOTSCHAFT: Was will (könnte) mir der Traum sagen?

PRAKTISCHE KONSEQUENZEN:

1) Was habe ich zu überdenken?
2) Was hindert mich am Handeln?
3) Was habe ich bisher für Möglichkeiten übersehen?
4) Was hindert mich im Alltag so zu handeln wie im Traum?

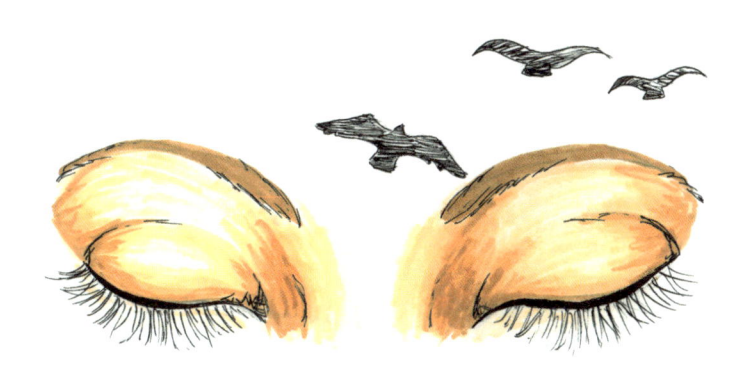

Ich bedanke mich
bei meinem Traum-ICH
für das, was ich empfange
und empfangen habe!

Im Traum ist eine Wirklichkeit verborgen, die mir zeigt, wer ich bin!

Meine Gedanken und Bilder:

TRÄUME

TRÄUME

TRÄUME

Ich entwickle einfallsreich meine tägliche Begeisterung!

11

ZUSAMMENARBEIT

Wie beginne ich meinen
Aus Gewohn
Aus Überzeugung?
Mit Bewusstheit?

Niemand schreibt mir vor, wie ich meinen Tag beginne! Ich experimentiere mit folgenden Gedanken und bereichere meinen Tag um eine Viertelstunde, indem ich den Wecker etwas früher stelle!

Ich zelebriere mein Wachwerden und mein Aufstehen!

Ich gönne mir auch tagsüber zwischendurch einige Minuten und am Abend 5 Minuten!

Am Morgen innehalten – und:
- Mich wahrnehmen: Ich bin da!
- Ich stelle die Differenz zum erwünschten Zustand fest!
- Ich komme in den erwünschten Zustand, indem ich …
  - … die begleitenden Gefühle aktiviere
  - … die entsprechenden Gedanken aufrufe
  - … mir gratuliere
- Ich lächle ausgiebig!
- Ich mache mir bewusst, was anliegt und benenne, was ich tun will! (meine Ziele für den Tag)
- Ich erinnere mich: Ich bin einmalig und werde entsprechend handeln!

Im Tag reflektieren:
- Ich anerkenne das Geleistete!
- Ich vergewissere mich: Bin ich noch dran, so wie ich es mir wünsche?
- Ich mache mir bewusst …
  - … meine Spur
  - … mein heutiges Ziel
  - … der Schlüssel zum Erfolg liegt bei mir!
- Ich lächle mit mir – über mich – und zu anderen!
- Ich bin mit mir in Resonanz!

Vor dem Zubettgehen frage ich mich und beantworte:
- Was ist gelungen?
- Wieso? Ich benenne die Gründe!
- Was ist zu optimieren?
- Wieso? Ich benenne die Gründe!
- Ich anerkenne mich und DANKE!

ZUSAMMENARBEIT

Ich lebe vom Anfang zum Ende – daher gestalte ich mein Leben aktiv und mit Freude!

Meine Gedanken und Bilder:

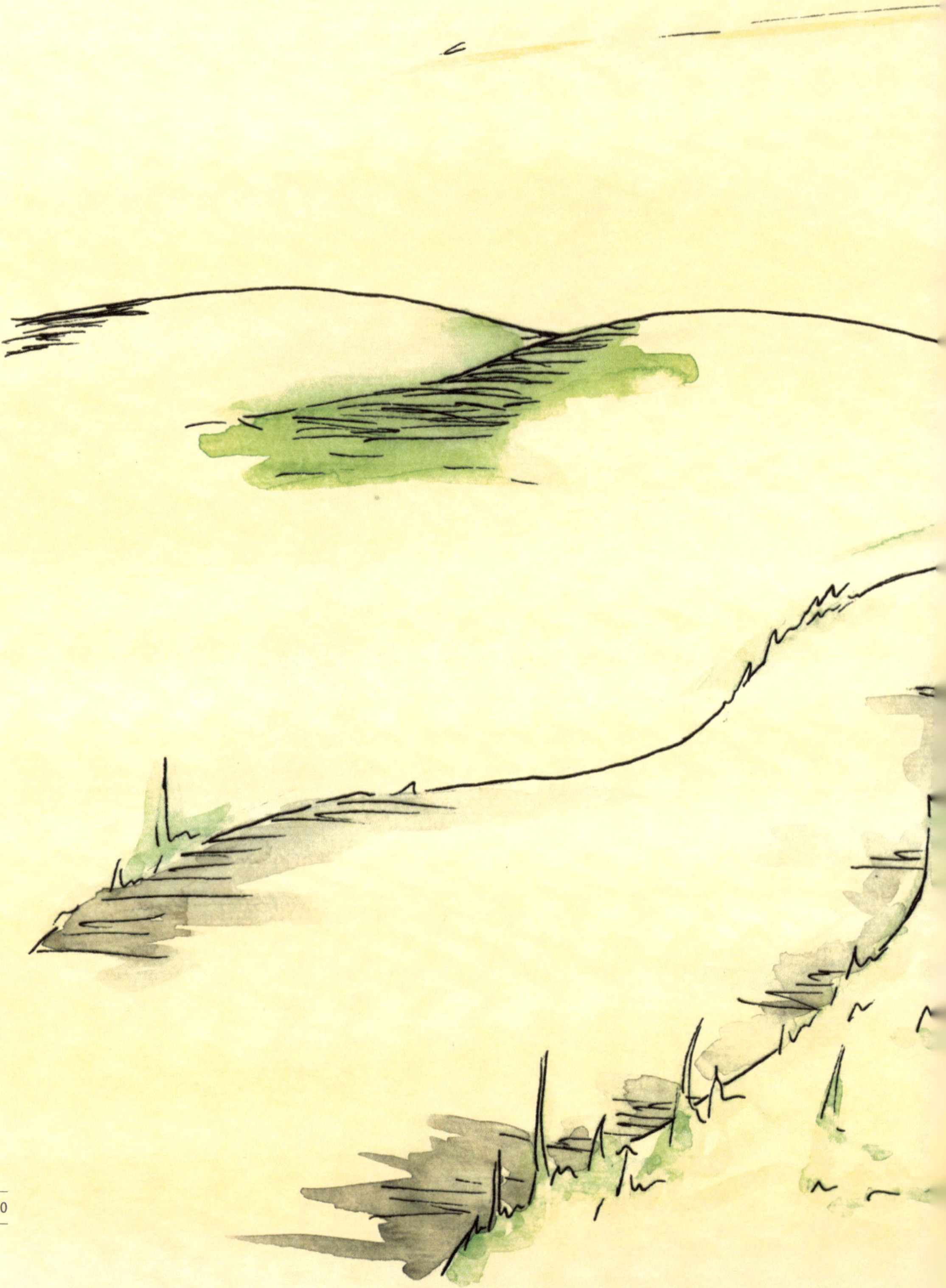

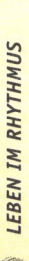

12

Ich gehe meinen Weg – in meinem glücklichen Leben!

LEBEN IM RHYTHMUS

ICH VERVOLLSTÄNDIGE DIE FOLGENDEN SÄTZE:

Verantwortlich leben heißt für mich …

Bewusst leben heißt für mich …

Sich selbst annehmen heißt für mich …

Sich selbstsicher behaupten
heißt für mich …

Zielgerichtet leben
heißt für mich …

Persönliche Unverletzlichkeit
(Integrität) heißt für mich …

Ich nehme mir nun eine WOCHE lang jeden TAG 10 Minuten Zeit und konzentriere mich jeden Tag auf einen Satz!

Am 7. Tag lese ich mir alle Sätze vor und überlege: **Wenn ich einen Schritt umsetzen will, dann ist es hilfreich, wenn …**

LEBEN IM RHYTHMUS

HEUTE MACHE ICH MIR BEWUSST:

1 Ich liebe und akzeptiere mich so, wie ich bin!

2 Ich bin ein wertvoller Mensch!

3 Ich liebe mein Leben!

4 Ich bin für jede Erfahrung in meinem Leben dankbar!

5 Ich lebe im HIER und JETZT!

7
Ich achte und respektiere mich und die anderen!

8
Ich übernehme die Verantwortung für mein Leben!

6
Ich achte und schätze mich!

9
Ich vertraue mir und meiner Intuition!

10
Ich verdiene Gutes in meinem Leben!

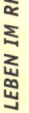

LEBEN IM RHYTHMUS

**Ich achte auf meine Balance
und den Einklang**
mit mir und meiner Welt!

Meine Gedanken und Bilder:

Die KMS Lebenswerk GmbH bietet eine wunderbare Plattform für zahlreiche Impulse und Unterstützungen – im persönlichen wie im gemeinsamen Wirkungsfeld!

UNSERE SERVICELEISTUNGEN IM ÜBERBLICK:

- Alles zum LebensWerkBuch – und viel mehr – finden Sie unter
  www.lebenswerkbuch.com

- Die Königs-IMPULSE erscheinen monatlich auf
  www.lebenswerk.at/Service/Newsletter

- Die Lebenswerk-IMPULSE erscheinen unregelmäßig auf
  www.lebenswerk.at/Service/Newsletter

- Angebote zu den 12 Lebensfeldern finden Sie unter
  www.lebenswerk.at/Angebote

- Zusätzliche Impulse finden Sie unter
  www.lebenswerk.at/Impulse

- Weitere Angebote in der persönlichen Begleitung gibt es auf
  www.gunter-koenig.de

Gunter König

Gunter König (geboren 1946) lebt in Schwäbisch Hall (D) und leitet seit mehr als 40 Jahren erfolgreich Seminare und Workshops zu unterschiedlichen Fragen im Leben, hält Vorträge und berät persönlich im Coaching, der Supervision und in Therapie. 1986 entwickelte Gunter König das INSZENARIO®, ein besonderes systemisches Handwerkszeug für Beratung, Coaching, Supervision und Training.

Klaus Sageder

Klaus Sageder (geboren 1964) lebt in Linz an der Donau (A). Seit gut 30 Jahren begleitet er Verantwortliche und MitarbeiterInnen bei Veränderungen in Unternehmen und Organisationen. Dabei verbindet er die individuelle Beratung mit dem Zusammenspiel im Miteinander. Menschenorientiert und systemisch – als Entwickler, Trainer und Coach.